中外邮票上的火车头

吴晓平 编著

中国铁道出版社
2016年 · 北京

图书在版编目（CIP）数据

中外邮票上的火车头 / 吴晓平编著 . —北京：中国铁道出版社，2016.12
ISBN 978-7-113-22558-2

Ⅰ . ①中… Ⅱ . ①吴… Ⅲ . ①邮票—世界—图集 ②机车—世界—图集 Ⅳ . ① G262.2-64 ② U267-64

中国版本图书馆 CIP 数据核字（2016）第 287081 号

书　　名：中外邮票上的火车头
作　　者：吴晓平　编著

责任编辑：孙　楠　　**编辑部电话：**010-51873421　　**邮箱：**tdpress@126.com
封面设计：吴晓平
责任校对：孙　玖
责任印制：陆　宁　高春晓

出版发行：中国铁道出版社（100054，北京市西城区右安门西街 8 号）
网　　址：http://www.tdpress.com
印　　刷：北京盛通印刷股份有限公司
版　　次：2016 年 12 月第 1 版　2016 年 12 月第 1 次印刷
开　　本：787 mm×1 092 mm　1/16　印张：17.25　字数：277 千
书　　号：ISBN 978-7-113-22558-2
定　　价：198.00 元

作者简介

吴晓平，男，汉族，吉林省辽源市人，现居辽宁省沈阳市。毕业于吉林大学中文系新闻专业。在多家新闻媒体担任过八年专业新闻记者和新闻编辑，现任沈阳铁路陈列馆资料员、中国音乐文学学会会员。

新闻作品先后发表在国内多家新闻媒体上，曾有新闻作品获得2002年度吉林省“五一新闻奖”二等奖。著作有新闻作品选《世象实录》，编著《铁路班组文化丛书》一套6册。歌词作品及作词的铁路行业歌曲，分别发表在沈阳铁路局《班组学习》杂志、《人民铁道》报、《轻音乐·歌词》杂志和《新歌诗》杂志上。

序

火车头是铁路机车的通俗称呼，是铁路列车的牵引动力，是铁路的标志性装备。火车头是速度的象征，人们说列车风驰电掣地呼啸而过，就是这个意思；火车头是力量的象征，“火车跑得快，全靠车头带”，其本义就是说火车头的力量大；火车头是财富的象征，现代京剧《智取威虎山》中“火车一响，黄金万两”的台词，就是说只要火车头牵引列车运行起来，就会带来巨大的经济效益。

火车头的发明，源于蒸汽机的出现，因为蒸汽机车（Steam Locomotive）的原动力是蒸汽机，蒸汽机是用锅炉内的火将水烧开产生蒸汽，使蒸汽的热能在汽缸内转变成机械能，推动活塞和摇杆、连杆，驱动车轮回转使机车前进，所以当时人们就将蒸汽机车牵引的列车，称为了火车，也把蒸汽机车称作了火车头，并一直沿用至今。

1698 年，英国工程师托马斯•塞维利（Thomas Savery）制造出一台给矿井抽水的蒸汽机，但这种原始机器还极不完善。

1712 年，英国工程师托马斯•纽科门（Thomas Newcomen）研制出了活塞式蒸汽机，这台蒸汽机缸径 30.48 厘米，每分钟能做 12 次往复运动，功率为 4 千瓦（约 5.5 马力），被称为纽科门蒸汽机，这为后来蒸汽机的发展和完善奠定了基础。

1769 年，英国著名发明家詹姆斯•瓦特（James Watt）制造出一台能效比纽科门蒸汽机提高 5 倍的蒸汽机。

1804 年，英国人理查德•特里维西克（Trevithick,Richard）制造了一台蒸汽机车，锅炉蒸汽压力 294 千帕，锅炉下部装有一个平放的汽缸。机车有两根动轴，用齿轮传动，轴列式为 0–2–0，装有一个大飞轮，利用飞轮的惯性保持汽缸活塞的往复运动。机车重 4.5 吨，最高时速为 8 公里，能牵引 5 辆货车，装载 10 吨货物。但这台机车在试运行中，因牵引的车辆载重过大导致铁轨断裂，未能得到普遍应用。

1814 年 7 月 25 日，英国发明家乔治•斯蒂芬森（George Slepheson）设计制造出的第一台蒸汽机车，被认为是首次成功的蒸汽机车。这台机车取名“布鲁克”号，运行在斯蒂芬森家门口的煤矿轨道上，它有两个汽缸，锅炉长 2.5 米，车轮上有凸缘，可牵引 8 辆矿车，载重 30 吨，时速 6.4 公里。第一次运行时，矿上居民看到它的烟囱往外喷火，就给它取了“火车”的名字。1829 年，由斯蒂芬森设计制造的“火箭号”蒸汽机车，参加了英国的蒸汽机车比赛，以运行可靠、速度最快获奖。比赛时最高时速为 47 公里。“火箭号”蒸汽机车采用卧式多烟管锅炉，传热面积大，锅胴与火箱连在一起，锅炉蒸汽压力为 345 千帕，两个汽缸与水平线成 35 度倾角装于锅炉两侧。机车轴列式为 0–1–1，一对动轮置于机车前部，左右动轮曲拐互成直角，使曲拐停在任何位置均能起动。乏汽从烟筒中喷出，以诱导锅炉通风，强化燃烧。“火箭号”蒸汽机车重 4 吨，能牵引装载 12 吨货物的车辆。“火箭号”蒸汽机车已初具现代蒸汽机车的基本构造特征。

1886 年，德国人维尔纳 · 西门子（Werner Siemens）提出了发电机的原理，建立了强电流技术。西门子不但给出了天才的理论，而且把强电技术引入到铁路驱动之上。1877 年，西门子建造了矿业用的电气铁路机车。1879 年 5 月 31 日，在柏林贸易展览会上展出了他研制的小型铁路机车：在 300 米长轨距 1 米的圆形铁路上，拉了 3 辆小车，每辆车上载 6 人。机车功率为 2.2 千瓦（约 3 马力）。

随着石油的开发，汽油和柴油引起了人们的注意。1883 年，德国的戴姆勒（Daimler）研制成功了第一台以汽油为燃料的内燃机。1897 年，德国工程师狄塞尔（Diesel）首创了压缩点火式内燃机。

把柴油机应用于铁路机车的设计思想产生于20世纪初。1909 年，普鲁士的国铁订购了一台 736 千瓦的内燃机车。发动机和传动装置由瑞士的苏尔士公司供货，机车在柏林制造。1912 年 9 月，德国和瑞士的公司试制成功了这一世界首台内燃机车。到 1913 年 4 月，机车在多次试运行中，均出现问题。后来，这台机车在第一次世界大战中受到创伤，停止了试验，于 1920 年报废。

1924 年，美国通用电气公司和美国机车公司联合研制成功并投入运用一种 B_0–B_0 轴式的 220 千瓦电力传动调车内燃机车。同年，苏联制成 735 千瓦电力传动干线内燃机车。

1964 年，日本研制出了动力分散式高速客车，由12 辆动车编组成一列后，最高时速达到210公里。此后，法国研制出了时速 260 公里的动力集中式高速客车，德国研制出了时速 330 公里的 ICE3 型动力分散式高速客车，意大利研制出了时速 250 公里的 ETR401 型摆式高速客车，西班牙开发出了时速 300 公里的 AVES100 型高速客车，瑞典研制出了时速 200 公里的 X2000 型摆式高速客车，使铁路客运车辆自带了动力，替代了火车头。

2008 年 8 月 1 日，我国京津城际高速铁路正式开通运营，开行的“和谐号”CRH2C 型和 CRH3C 型动车组列车，最高运营时速达 350 公里，为世界第一高速。2010 年 8 月 25 日，我国首次研制的 CRH380A 型动车组，最高运行时速达 380 公里。2012 年 12 月 1 日，哈大高速铁路正式开通运营，开行的动车组列车均为中国自主研发的 CRH5A 型动车组。这些被命名为“和谐号”的高速铁路系列客车，是我国引进庞巴迪、川崎重工、阿尔斯通、西门子等公司制造技术后，消化、吸收、再创新研制成的，这些高速客车不但刷新了世界高速铁路的速度纪录，也使中国从世界高速铁路的“追赶者”变成了“领跑者”。

火车头的问世，改变了人类的生活方式，也改变了世界，其先进的机车制造技术和巨大的铁路运输能力，还成了一些工业发达国家炫耀自己的名片。火车头从蒸汽机车、电力机车、内燃机车到高速铁路动车的演变，反映了各国铁路的发展变化、科技实力及综合国力。因此，有人喜欢了解火车头知识，有人愿意制作火车头模型，有人酷爱收藏展览火车头，有人爱好撰写文章讴歌火车头，有人擅长吟诗作赋赞美火车头，有人特意作词谱曲歌唱火车头，有人专门挥毫泼墨展示火车头，有人专爱用相机记录火车头，还有人专门收藏火车头邮票。为了展示中外铁路机车风采，讲述铁路机车发展历程，普及铁路机车知识，弘扬铁路产业文化，本人将自己收藏的这些火车头邮票，翻拍成图片后汇编了这本画册，以飨读者。

编　者

2016 年 5 月于中国 · 沈阳

目　录

亚 洲 篇…… 1
中　国…… 3
蒙　古…… 23
朝　鲜…… 24
日　本…… 34
柬 埔 寨…… 42
印　度…… 62
欧 洲 篇…… 63
苏　联…… 65
捷克斯洛伐克…… 73
匈 牙 利…… 75
德　国…… 81
奥 地 利…… 87
比 利 时…… 89
英　国…… 93
法　国…… 100
摩 纳 哥…… 102
保加利亚…… 104
非 洲 篇…… 107
布基纳法索…… 109
几 内 亚…… 115
多　哥…… 138
赤道几内亚…… 153
乍　得…… 156
坦桑尼亚…… 161
刚果(布)…… 162
圣多美和普林西比…… 167
马达加斯加…… 169
莱 索 托…… 175
大洋洲篇…… 181
澳大利亚…… 183
图 瓦 卢…… 189
新 西 兰…… 193
北美洲篇…… 195
加 拿 大…… 197
美　国…… 201
尼加拉瓜…… 207
古　巴…… 215
圣文森特和格林纳丁斯…… 227
圣卢西亚…… 236
圣基茨和尼维斯…… 243
南美洲篇…… 253
圭 亚 那…… 255
巴 拉 圭…… 261
编 后 记…… 268

亚　洲　篇

这枚华东邮政 1949 年发行的邮票上，有一台牵引旅客列车的蒸汽机车，这台机车虽然看不清型号，不能说明其制造厂国、性能等信息，但它是中华人民共和国成立前夕，解放区发行的火车邮票之一，其价值不言而喻。

这枚中国邮票上的火车头，是著名的“毛泽东号”蒸汽机车。“毛泽东号”机车原是日本制造的一台ミカ型 304 号“死车”，车轴排列形式 1–4–1，1946 年 7 月，哈尔滨铁路机务段工人，为支援东北解放战争，经过 27 个昼夜的艰苦奋战，将它“复活”，并在驾驶室两侧镶上了金色的“毛泽东号”大字，当年 10 月 30 日，中共中央东北局领导为满足工人们的心愿，正式将这台新修复的机车命名为“毛泽东号”。从此，“毛泽东号”机车组在中国共产党的领导下，在举世闻名的辽沈战役中积极完成“支前”军运任务，1949 年又随解放大军南下，留在北京丰台机务段，并在抗美援朝和社会主义建设中不断建立新功绩，成为中国铁路的一面旗帜和中国产业工人的优秀代表。邮票上的机车为 1982 年的“毛泽东号”机车。

这枚中国邮政1996年发行的邮票上，是一台牵引货物列车奔驰的蒸汽机车，与其交会的是一列旅客列车，票面文字显示为“兰新铁路复线”，虽然看不清这台机车的型号，但却反映了当时中国铁路建设的巨大成就。

这枚中国邮票上的火车头，是达波 1 型 28 号六轮式蒸汽机车，1907 年美国机车公司（ALCO）制造，长度 13240 毫米，车轴排列形式 1–3–2 式，动轮直径 1370 毫米，机车重量 90.49 吨，最高速度每小时 45 公里。这种轴式的机车，也称草原式机车，现陈列于沈阳铁路陈列馆。

这枚中国邮票上的火车头，是太平洋 8 型 815 号蒸汽机车，1937 年日本日立制作所制造，日本人称其为パシハ，长度 24705 毫米，车轴排列形式 2–3–1，动轮直径 1850 毫米，机车重量 114.91 吨，最高速度每小时 120 公里。这台机车是当时的高速机车之一，曾牵引过“满铁”著名特快客车“亚细亚号”，现保存于沈阳铁路陈列馆 (未展出)。

这枚中国邮票上的火车头，是解放 2 型 2525 号蒸汽机车，原称ミカニ型，中文译名天皇式，1929 年日本川崎公司造船厂授权制造，长度 22340 毫米，车轴排列形式 1-4-1，动轮直径 1370 毫米，机车重量 178.8 吨，最高速度每小时 80 公里。它有 3 个气缸，牵引力大，适合牵引长大坡道上的重载货物列车，现陈列于沈阳铁路陈列馆。

这枚中国邮票上的火车头，是西克 13 型 3858 号蒸汽机车，1959 年波兰 Chrzanow 工厂制造，中文译名六轮式，长度 9146 毫米，车轴排列形式 0-3-0，动轮直径 1100 毫米，机车重量 44.40 吨，最高速度每小时 40 公里，现陈列于沈阳铁路陈列馆。

这枚中国邮票上的火车头，是解放 3 型 2558 号蒸汽机车，原称ミカニ型，中文译名天皇式，1927 年捷克斯克达（Skoda）工厂制造，长度 20320 毫米，车轴排列形式 1–4–1，动轮直径 1400 毫米，机车重量 135.5 吨，最高速度每小时 80 公里，现陈列于沈阳铁路陈列馆。

这枚中国邮票上的火车头，是胜利 7 型 751 号蒸汽机车，日本人称其パシナ，中文译名太平洋式，1934 年“满铁”大连沙河口铁道工场制造，长度 25675 毫米，车轴排列形式 2–3–1，动轮直径 2000 毫米，机车重量 203.31 吨，最高速度每小时 130 公里。这台机车是“满铁”快速机车之一，当时专门牵引著名的“亚细亚号”特急旅客快车，现陈列于沈阳铁路陈列馆。

这枚中国邮票上的火车头，是胜利 5 型 292 号蒸汽机车，原称パシシ型，中文译名太平洋式，1927 年至 1928 年日本制造，长度 24070 毫米，车轴排列形式 2–3–1，动轮直径 1850 毫米，机车重量 145.59 吨，最高速度每小时 110 公里。这台机车为“满铁”遗留，现陈列于沈阳铁路陈列馆。

这枚中国邮票上的火车头，是斯特 2 型 22 号蒸汽机车，1936 年德国克鲁伯（Krupp）工厂制造，中文译名圣达菲式，长度 21470 毫米，车轴排列形式 1–5–1，动轮直径 1372 毫米，机车重量 160.90 吨，最高速度每小时 70 公里，现陈列于沈阳铁路陈列馆。

这枚中国邮票上的火车头，是韶山1型电力机车，1958年中国株洲电力机车厂和湘潭电机厂联合研制，长度19400毫米，车轴排列形式C_0–C_0，车轮直径1250毫米，重量138吨，最高速度每小时90公里。此型机车是中国第一代干线客货两用电力机车，因其电机是毛泽东主席故乡湖南湘潭制造的，所以命名为韶山型。现存两台，中国铁道博物馆和沈阳铁路陈列馆各陈列一台。

这枚中国邮票上的火车头，是韶山 4 型电力机车，1985 年中国株洲电力机车厂制造，长度 2×16416 毫米，车轴排列形式 B_0–B_0+B_0–B_0，车轮直径 1200 毫米，机车重量 2×92 吨，最高速度每小时 100 公里。这台机车牵引货物列车运行在大秦铁路上，展示了中国“八五”期间铁路建设的风彩。

这枚中国邮票上的火车头，是和谐电力3型30018号机车，中国大连机车车辆有限公司制造，长度20846毫米，车轴排列形式C_0–C_0，车轮直径1250毫米，机车重量138吨，最高速度每小时120公里。这台牵引货物列车运行的电力机车，展示了中国铁路在交通运输业中的主体地位。

这枚中国邮票上的火车头，是一台牵引旅客列车运行的内燃机车，背景是一台牵引列车的蒸汽机车运行在立交桥上，虽然看不清两台机车的型号，但邮票的发行日期是1973年10月30日，反映出当时中国铁路运输既有蒸汽机车又有内燃机车的史实。

这枚中国邮政1996年发行的邮票上，是一台内燃机车牵引旅客列车运行在大桥上。虽然看不清机车是什么型号，但很多人都知道这座桥是九江长江公铁两用大桥，该桥全长7675米，最大跨度216米，是目前中国最长、最先进的双层式大桥，反映出当时中国铁路建设的辉煌成就。

这枚中国邮票上的火车头，是一台东风 11G 型内燃机车，中国戚墅堰机车车辆厂制造，长度 2×22200 毫米，车轴排列形式 C_0–C_0+C_0–C_0，车轮直径 1050 毫米，机车重量 2×138 吨，最高速度每小时 170 公里。此型机车是 2003 年中国铁路为完成第五次大提速专门研制的双机重联型准高速干线客运内燃机车。

中　　国

这枚中国邮票上的火车头，是一台 NJ2 型交流电传动内燃机车，美国通用电气公司（GE）制造，车轴排列形式 C_0–C_0，最高运行速度非冻土区段每小时 120 公里、冻土区段每小时 100 公里。这种高原型机车，专门牵引青藏铁路格尔木至拉萨、拉萨至日喀则间的客货列车。

这枚中国邮票上，是飞驰在中国京津城际铁路上的和谐号（CRH2-300 型）电力动车组列车，2008 年中国四方机车车辆股份有限公司制造，其头车长度 25700 毫米，车轴排列形式为 C_0–C_0，运营速度每小时 300 至 350 公里。

这枚中国邮票上，是和谐号电力动车组的头车，从造型和外部涂装上看，应为 CRH380A 型，中国青岛四方机车车辆股份有限公司制造，长度 26500 毫米，宽度 3380 毫米，高度 3900 毫米，车轮直径 860 毫米，最高试验速度每小时 486 公里以上，持续运营速度每小时 380 公里。

这枚中国邮票上，是和谐号电力动车组的头车，从外部造型和涂装上看，应为 CRH380A 型，由中国中车青岛四方机车车辆股份有限公司制造，背景为京沪高铁控制性工程南京大胜关长江大桥等国家标志性建筑，反映出中国高铁建设已达到世界先进水平。

左：这枚中国香港邮票上的蒸汽机车，从票面上虽然看不清车轴排列形式，无法断定其产地、型号等，但从外观上看好像是台英国机车。

中：这枚中国香港邮票上的火车头，是 G12 型 51 号内燃机车，1955 年美国通用汽车公司（GM）电气动力部（EMD）制造，以当时港督葛量洪爵士命名，称为“亚历山大爵士号”，它曾牵引列车运行在昔日广（州）九（龙）铁路上，现陈列于香港铁路博物馆。

右：这枚中国香港邮票上的火车头，是香港第一代电气化列车的动力车，1982 年至 1999 年，运行在香港电气化铁路上，香港称其为电气化列车。

左：这枚中国香港邮票上的火车头，是牵引广九（广东广州至香港九龙）直通列车的 Ktt Lok2000 型电力机车，车轴排列形 C_0–C_0，最高运营速度每小时 160 公里，其原型是瑞士的 SBB Rc460 型，在瑞士运营速度每小时 230 公里。

中：这枚中国香港邮票上的火车头，是香港机场快线列车的一台动力车，西班牙和德国制造，这种机车运行速度很快，从香港国际机场到中环市中心，全程 35.3 公里仅需约 24 分钟，是名副其实的快线。

右：这枚中国香港邮票上的火车头，是香港地铁列车的一台动力车，英国都城嘉慕（英文缩写为 MCCW）公司制造，香港称其为都城嘉慕电动列车，简称 M–TRAIN，也叫港铁载客列车，是香港铁路使用时间最长的地铁列车。

这枚 1946 年中华民国发行的邮票，上面有一台蒸汽机车，虽然看不清机车型号，但其烟箱上方的机车头灯还是老式煤油灯，反映出当时铁路设备还很落后。

这枚蒙古国邮票上，是一台内燃机车牵引着列车在运行，票面上的MAIL字母，即英语单词邮件之意，反映出火车是该国邮政的主要运输工具。

蒙　古

这枚朝鲜邮票上的火车头，是一台货运蒸汽机车，车轴排列形式 1–4–1，好像日本的ミカイ型机车（中文译名天皇式机车）。

朝　　鲜

这枚朝鲜邮票上的火车头，是一台货运蒸汽机车，车轴排列形式 1–5–1，从轴式上看是圣达菲式机车或苏联的 FD 型（俄文 ФД）机车，从外形看有一定长度，估计其牵引力很大。

朝　　鲜

这枚朝鲜邮票上的电力机车，车轴排列形式 C_0–C_0，票面文字显示为牵引“万景台号”列车的机车。

朝　　鲜

这枚朝鲜邮票上的火车头，是高速客运列车的动力车，车轴排列形式 B_0–B_0，外观设计呈流线型，蓝白相间的涂装显得很亮丽。

这枚朝鲜邮票上，是一列旅客列车运行在高架桥上，机车顶部的受电弓表明，这台机车为电力机车，其上黄下红颜色的涂装鲜艳夺目。

朝　鲜

这枚朝鲜邮票上，是一列正在进站的旅客列车，机车和车厢均为绿色，犹如一条绿色长龙在穿行，虽说线路一侧立有电线接触网杆，但机车顶部没有受电弓，应为内燃机车。

朝　鲜

这枚朝鲜邮票上，是一列旅客列车运行在高架桥上，机车顶部的受电弓表明，这台机车为电力机车，其黄红相间的涂装十分抢眼。

这枚朝鲜邮票上的电力机车，车轴排列形式 C_0-C_0，从其侧面的散热器百叶窗，可以认定这是一台内燃机车。

这枚朝鲜邮票上，是一列旅客列车驶出隧道，运行在铁路大桥上，因线路两侧没有电线接触网杆，说明这是一台内燃机车。

朝　　鲜

这枚朝鲜邮票上，是一台 내연 500 系列内燃机车，轨距 1435 毫米，长度 19969 毫米，车轴排列形式 C_0–C_0，车轮直径 1050 毫米，机车重量 120 吨，输出功率 735.5 千瓦，牵引力 196.1 千牛，最高速度每小时 90 公里。

朝　　鲜

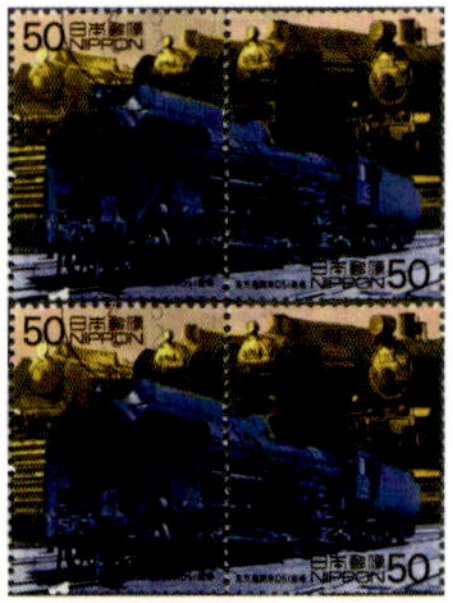

这枚日本邮票上的火车头，是日本的 D51 型 114 号蒸汽机车，1936 年川崎重工股份公司制造，轨距 1067 毫米，长度 19730 毫米，车轴排列形式 1–4–1，动轮直径 1400 毫米，机车总重 123 吨，最高速度每小时 85 公里。这种机车一共制造了 1115 台，现有多台保存。

这枚日本邮票上的火车头，是一台六轮式蒸汽机车，这种机车没有导轮和从轮，虽速度不稳定，但所有重量都压在动轮上，牵引力较大，黏着系数较高，被广泛用于调车作业。

日 市

这枚日本邮票上的火车头，从票面图案看，车轴排列形式 0–3–1，编号 137，其外形与日本梅小路蒸汽机车博物馆展出的 230 号机车类似。230 号蒸汽机车是 1903 年制造的，从其编号看制造年代应早于 230 号，据网文介绍，它是日本制造的第一号蒸汽机车。

这枚日本邮票上，是一台蒸汽机车牵引列车运行在桥上，从票面图案看，车轴排列形式 1–3–0，是一台摩格尔式机车，有的史料称为摩巨式。

日　本

这枚日本邮票上，是一台四联式蒸汽机车，车轴排列形式 1–2–0，票面上“蒸汽车雏形”说明它的制造年代较久。

这枚日本邮票上火车头，是日本的 ED97 型 796 号电力机车，1985 年制造，轨距 1067 毫米，长度 14300 毫米，车轴排列形式 B_0–B_0，机车重量 68 吨，最高速度每小时 110 公里。

这枚日本邮票上的机车，是日本多摩都市的单轨线列车车体，这种单轨线列车，是日本东京都西部多摩地区公交运输的一部分，与中国重庆市的单轨电车大体相同。

这枚日本邮票上的机车，是日本铁路井原线（冈山县至广岛县）JR8000系列车，这种列车是城市地面交通的一部分，相当于中国铁路的城际列车，日本称为JR，即英文Japan Railways的缩写。

这枚日本邮票上的机车，是日本制造的磁悬浮列车车体，这种磁悬浮列车，采用电动悬浮（EDS）系统及低温超导电磁体，即使切断电源电磁体仍然能导电，从而确保列车正常运行。

日　本

这枚日本邮票上的机车，是日本新干线0系列超级快车的头车，1964年日本铁路集团制造，车轴排列形式C_0–C_0，最高速度每小时220公里。

日　　本

这枚柬埔寨邮票上的火车头，是一台谢式蒸汽机车，也有人称之为波登机车，1864 年制造，车轴排列形式 0–2–2–0，它有两部锅炉和两组动轮，这类机车多为齿轮传动，这种传动方式比较罕见。

这枚柬埔寨邮票上的火车头，是 1845 年至 1872 年法国制造的 4579 号蒸汽机车，车轴排列形式 0–4–0，该车的蒸汽干燥器和环回烟囱设计得很成功，设计者为朱勒（Jules Petiet），人们一看到机车上“奇怪的烟囱”，就知道是他设计的。

这枚柬埔寨邮票上的火车头，是太平洋式 46202 号特快客运蒸汽机车，1930 年英国克鲁铁路工厂制造，长度 22.66 米，车轴排列形式 2–3–1，动轮直径 1981 毫米，机车重量 104.5 吨。

柬 埔 寨

这枚柬埔寨邮票上的火车头，是一台太平洋式客运蒸汽机车，1945 年法国制造，车轴排列形式 2–3–1。

柬 埔 寨

这枚柬埔寨邮票上的火车头，是一台太平洋式客运蒸汽机车，1936 年至 1938 年澳大利亚伊斯灵顿铁路工厂制造，长度 21.23 米，车轴排列形式 2–3–1，动轮直径 1.676 米，机车重量 140 吨。

柬 埔 寨

这枚柬埔寨邮票上的火车头，是一台太平洋式客运蒸汽机车，法国制造，车轴排列形式 2–3–1，其外观设计简洁流畅，天蓝色的涂装非常亮丽。

柬埔寨

这枚柬埔寨邮票上的火车头，是一台密尔沃基式蒸汽机车，车轴排列形式 2–2–1，从车轮设计上看，该车可能是德国制造，因为从轮在驾驶室下方靠后位置，而其他国家的设计都靠前。

柬 埔 寨

这枚柬埔寨邮票上的火车头，是法国的239号蒸汽机车，1846年制造，车轴排列形式1-1-1，曾运用于巴黎至斯特拉斯堡铁路。

这枚柬埔寨邮票上的火车头，是一台货运蒸汽机车，票面文字显示1891年英国格伦杜制造，图案上车轴排列形式模糊，无法认定为何种型号。

柬 埔 寨

这枚柬埔寨邮票上的火车头，只能看出是台货运蒸汽机车，图案上车轴排列形式模糊，无法认定其型号。

柬 埔 寨

这枚柬埔寨邮票上的火车头，是法国 TGV001 方式燃气轮高速试验列车的头车，该列车为动力集中型，前后两端是专用的电力机车，1976 年研制，1981 年投入运营，最高速度每小时 270 公里。

柬 埔 寨

这枚柬埔寨邮票上的火车头，是美国萨克拉曼多北部电气化铁路运用过的电力机车，这条铁路长 295 公里，由奥克兰至奇科。旅客运输运用到 1941 年，货物运输运用到20世纪60年代。

这枚柬埔寨邮票上的火车头，是美国纽约威彻斯特和波士顿铁路（NYW&B）运用过的一种电力机车，这条电气化铁路长 6.4 公里，从 1912 年开始客运服务，到 1935 年，其间一直运用这种电力机车。

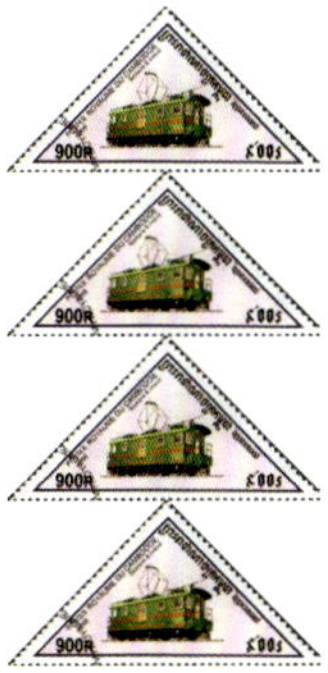

这枚柬埔寨邮票上的火车头，是美国华盛顿州斯波坎和内陆帝国铁路公司（S.i.e.r.r.co.）运用过的一种电力机车。

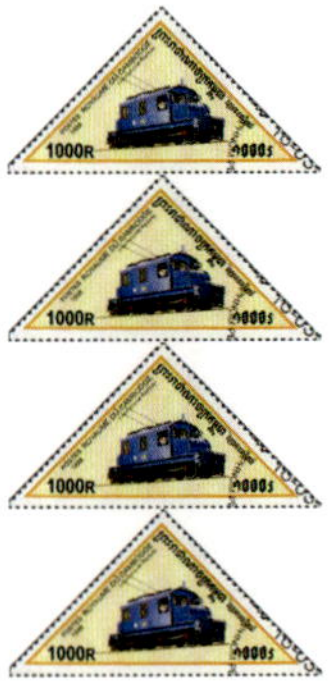

这枚柬埔寨邮票上的火车头，是美国国际铁路公司（IRC）早期运用过的一种电力机车，当时这家公司经营城市轨道交通业务（区段为纽约至安大略），就用这种电力机车牵引客车运行。

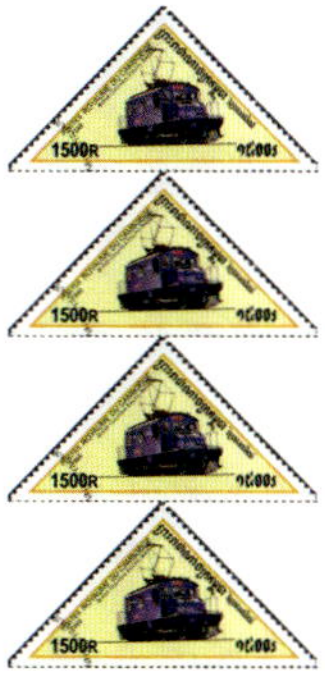

这枚柬埔寨邮票上的火车头，是加拿大温哥华电车公司 1890 年前后运用的一种电力机车，当时这家公司用这种电力机车推出了有轨电车服务。

这枚柬埔寨邮票上的火车头，是美国南太平洋运输公司运用的一种电力机车，1900 年该公司经营多条铁路，线路里程达到 25684 公里，主要运用的就是这种机车。

这枚柬埔寨邮票上的火车头，是法国制造或运用的内燃机车，车轴排列形式 B_0–B_0，该车流线型的外观设计，好像高速列车的头车。

柬 埔 寨

这枚柬埔寨邮票上的火车头，是 1929 年法国制造的内燃机车，它外观好像一辆汽车，但在铁路上行驶，与中国铁路的两轴轨道汽车相似，又好像滇越铁路的米其林动车。

柬 埔 寨

这枚柬埔寨邮票上的火车头，是1966年法国制造的内燃机车，其驾驶室在机车中间，编号为1002，即调车机车。

束 埔 寨

这枚印度邮票上的火车头，是一台电力机车，车轴排列形式 C_0-C_0，票面上的英文单词是电力机车之意。

印　　度

欧　洲　篇

这枚苏联邮票上的火车头，是一台摩格尔式蒸汽机车，1845 年俄国制造，车轴排列形式 1–3–0，机车重量约 30 吨，动轮直径 1705 毫米。

这枚苏联邮票上的火车头，是一台行星式蒸汽机车，1833 年俄国制造，名为“陆上轮船”，车轴排列形式 1–1–0，锅炉长度 829 毫米，锅炉直径 1016 毫米，气缸直径 190.5 毫米，活塞行程 254 毫米，运行速度每小时 16.4 公里，它是俄国第一台蒸汽机车。

这枚苏联邮票上的火车头，是一台太平洋式客运蒸汽机车，1915 年俄国制造，轨距 1524 毫米，车轴排列形式 2–3–1。

苏　　联

这枚苏联邮票上的火车头，是一台VL80型（俄文В Л80^{К}）060号干线货运电力机车，原称H80型，1961年至1994年诺沃切尔卡斯克电力机车厂制造，轨距1524毫米，长度34520毫米，车轴排列形式B_0–B_0+B_0–B_0，车轮直径1250毫米，轴重23吨，交直流电传动，机车重量184吨，牵引功率6400千瓦，最高速度每小时110公里。

这枚苏联邮票上的火车头，是一台 VL80 型（俄文 В Л80^{К}）860 号干线货运电力机车，原称 H80 型，1961 年至 1994 年诺沃切尔卡斯克电力机车厂制造，轨距 1524 毫米，长度 34520 毫米，车轴排列形式 B_0–B_0+B_0–B_0，车轮直径 1250 毫米，轴重 23 吨，交直流电传动，机车重量 184 吨，牵引功率 6400 千瓦，最高速度每小时 110 公里。

苏　　联

这枚苏联邮票上的火车头，是一台 ER200（俄文 ЭР 200）型高速城际电力动车组与电阻制动列车的头车，1974 年里加车辆制造厂和里加电机制造厂制造，长度 26000 毫米，车轴排列形式 B_0–B_0，车轮直径 950 毫米，重量 48.7 吨，直一直流电传动，最高速度每小时 200 公里，运行于莫斯科至圣彼得堡铁路。

苏　　联

这枚苏联邮票上的火车头，是一台 VL80 型（俄文 ВЛ80^{T}）060 号干线货运电力机车，原称 H80 型，1961 年至 1995 年诺沃切尔卡斯克电力机车厂制造，轨距 1524 毫米，长度 2 × 16420 毫米，车轴排列形式 B_0–B_0+B_0–B_0，车轮直径 1250 毫米，轴重 23 吨，交直流电传动，整备重量 184 吨，牵引功率 6520 千瓦，最高速度每小时 110 公里。

苏　　联

这枚苏联邮票上的火车头，是一台 TEP75 型（俄文 ТЭП75）高速干线客运内燃机车，1975 年科洛姆纳内燃机车制造，轨距 1524 毫米，长度 34520 毫米，车轴排列形式 C_0–C_0，整备重量 147 吨，交—直流电传动，最高速度每小时 160 公里。

苏　　联

这枚苏联邮票上的火车头，是一台 TEM7 型（俄文 TЭM 7）调车机车，1975 年柳迪诺沃内燃机车制造厂制造，轨距 1524 毫米，长度 34520 毫米，车轴排列形式 $B_0+B_0-B_0+B_0$，车轮直径 1050 毫米，轴重 22.5 吨，机车重量 180 吨，交—直流电传动，输出功率 1470 千瓦，最高速度每小时 100 公里。它是苏联铁路第一种单机八轴柴油机车。

苏　　联

这枚捷克斯洛伐克邮票上的火车头，是一台电力调车机车，1981 年至 1982 年制造，轨距 1435 毫米，长度 14400 毫米，车轴排列形式 B_0–B_0，重量 70.4 吨，直—直流电传动，输出功率 772 千瓦，牵引力 245 千牛，最高速度每小时 80 公里。

捷克斯洛伐克

这枚捷克斯洛伐克邮票上的火车头，是一台内燃调车机车，1977 年至 1986 年制造，轨距 1435 毫米，长度 13600 毫米，车轴排列形式 B_0–B_0，机车重量 64 吨，直一直流电传动，输出功率 883 千瓦，最大牵引力 192 千牛，最高速度每小时 90 公里。

捷克斯洛伐克

这枚匈牙利邮票上的火车头，是一台美国芝加哥及北西铁路的老蒸汽机车，1836年制造，车轴排列形式1–1–1，这台机车时称“先锋”。

匈牙利

匈 牙 利

这枚匈牙利邮票上的火车头，是一台六轮式蒸汽机车，车轴排列形式0–3–0，这种轴式的机车没有导轮和从轮，所有重量都压在动轮上，牵引力大和黏着系数高，但高速运行不稳定，因此被广泛用于调车作业。

这枚匈牙利邮票上的火车头，是一台摩格尔式蒸汽机车，车轴排列形式1–3–0，这种轴式的机车多出的主动轮，分散和承受了锅炉的更大重量，车框架前设置一根车轴做导轮，但因导轮没设独立装置，只起了承重作用，并未发挥应有的引导作用。

匈 牙 利

这枚匈牙利邮票上的火车头，是一台哈得逊式蒸汽机车，车轴排列形式 2–3–2，这种轴式的机车能增加蒸汽能力,最适合牵引高速客运列车，不适合牵引重载货运列车，在法国称它为“波罗的海”,美国北部称它为“哈德逊”。

匈 牙 利

这枚匈牙利邮票上的火车头，就是世界上第一台电力机车，1879 年德国人维尔纳·西门子（Werner Siemens）研制，车轴排列形式 C_0，输出功率 2.2 千瓦，它是现在节能环保电力机车的先驱。

这枚匈牙利邮票上的火车头，是一台用于调车作业的内燃机车，从车体外观看，该机车好像前苏联制造的Chme3型（俄文 ЧМЭ3）内燃机车改进型，特别是端部有个门，门上百叶窗上还有一颗红五星及三个灯的位置。

这枚德国（民主德国）邮票上的火车头，是拉德堡铁路运用的窄轨蒸汽机车，轨距750毫米，20世纪30年代制造，其中991777–4号机车，在2012年拍摄过《卡尔·马克思》在波茨坦勃兰登堡的影片。

这枚德国（民主德国）邮票上的火车头，是德国齐山温泉铁路运用的991731–1号蒸汽机车，轨距750毫米，20世纪50年代制造，是德国铁路的遗产，其构造与第81页的机车大体相同。

这枚德国（联邦德国）邮票上的火车头，是 DB–103 型重六轴快速电力机车，1965 年德国 AEG 公司、英国广播公司、西门子公司、亨舍尔工厂、克劳斯玛菲集团、克虏伯公司联合制造，长度 19500 毫米，车轴排列形式 C_0–C_0，机车重量 112 吨，最高速度每小时 200 公里。

这枚德国（联邦德国）邮票上的火车头，是 DB-218 型四轴内燃机车，1968 年德国亨舍尔工厂、克劳斯玛菲集团、克虏伯公司、Mak 公司联合制造，轨距 1435 毫米，长度 16400 毫米，车轴排列形式 B_0-B_0，液力传动，车体重量 79.5 吨，最高速度每小时 140 公里。

德　　国

这枚德国（联邦德国）邮票上的火车头，是德国 ICE–403 型城际特快列车的头车，轨距 1435 毫米，长度 25675 毫米，车轴排列形式 B_0–B_0，最高速度每小时 320 公里。

德 国

这枚德国（联邦德国）邮票上的火车头，是德国磁悬浮列车的头车，1922 年德国工程师赫尔曼·肯佩尔，首次考虑电磁悬浮铁路，1979 年世界上第一辆时速 100 公里的磁悬浮车辆在该国诞生，1988 年该国又研制出了时速 412.6 公里的磁悬浮车辆。

德　　国

这枚奥地利邮票上的火车头，是一台水柜式蒸汽机车，车轴排列形式1–4–1，按照轴式这台机车属于天皇式，但其机车和煤水车一体，煤仓在驾驶室后，水柜在车轮上方，类似颇乐型机车的一种。

奥 地 利

这枚奥地利邮票上的火车头，是一台老式蒸汽机车，车轴排列形式0–2–1，水柜在车轮上方，从烟囱看其燃料应是木材，这种机车英文名称为Crone或Wrecking。

奥 地 利

这枚比利时邮票上的火车头，是一台六轮式蒸汽机车，车轴排列形式 0–3–0，这台机车的特殊之处，在于整个机车都罩在一辆车里，两端只能见到车钩，顶部也只露一点烟囱帽，下部只露了一点轮毂。

比利时

这枚比利时邮票上的蒸汽机车，车轴排列形式0–2–1，与1834年罗伯特•史蒂芬森研制的0–2–1轴式货运机车基本一致，车厢一侧也有护栏围着。

比 利 时

这枚比利时邮票上的火车头，是一台八轮式蒸汽机车，车轴排列形式 0–4–0，这台机车与煤水车一体，锅炉两侧的水柜很长，给人的感觉水容量一定很大。

比 利 时

这枚比利时邮票上的火车头，是一台太平洋式蒸汽机车，车轴排列形式 2–3–1，构造虽与同类机车相似，但其外观设计干净利落，给人一种半流线型的感觉，加上深绿色的涂装，外表十分漂亮。

比 利 时

这枚英国邮票上的蒸汽机车，1960 年英国斯温顿机车厂制造，轨距 1435 毫米，长度 20170 毫米，车轴排列形式 1–5–0，动轮直径 1524 毫米，机车重量 86 吨，它是英国此型机车中最后下线的，是著名的“黄昏之星”机车。

英　国

这枚英国邮票上的火车头，是英国加冕类蒸汽机车之一，1937年至1948年克鲁铁路工厂制造，轨距1435毫米，长度22511毫米，车轴排列形式2-3-1，动轮直径2057毫米，机车重量105.25吨，它流线型的车体，紫红色的涂装配上镀金的横衬，非常美观。

英　　国

这枚英国邮票上的火车头，是一种快速客运蒸汽机车，1948年至1949年英国唐卡斯特铁路工厂和达林顿铁路工厂制造，轨距1435毫米，长度22240毫米，车轴排列形式2-3-1，动轮直径2032毫米，机车重量105.2吨，最高速度每小时160公里。

这枚英国邮票上的火车头，是一种客运蒸汽机车，1927 年至 1928 年英国斯温顿铁路工厂制造，轨距 1435 毫米，长度 20780 毫米，车轴排列形式 2–3–0，动轮直径 1981 毫米，机车重量 135.2 吨。现有同型的 6000 号机车保存在约克国家铁路博物馆。

这枚英国邮票上的火车头，是一种客运蒸汽机车，1919 年至 1926 年英国伊斯特利铁路工厂和北方机车有限公司制造，轨距 1435 毫米，长度 20260 毫米，车轴排列形式 2-3-0，动轮直径 2007 毫米，机车重量 80 吨，现有相同类型的 30777 号机车保存。

英　　国

这枚英国邮票上的火车头，是一种客运蒸汽机车，1946 年至 1950 年德比铁路工厂制造，轨距 1435 毫米，长度 14170 毫米，车轴排列形式 2-3-2，动轮直径 1829 毫米，机车重量 88 吨。

英　国

这枚英国苏格兰邮票上的火车头，是牵引世界著名列车“野鸭号”的蒸汽机车，1935 年至 1938 年英国唐卡斯特铁路工厂制造，轨距 1435 毫米，车轴排列形式 2–3–1，动轮直径 2032 毫米，机车重量 102 吨，1938 年 7 月牵引 6 辆客车创造了每小时 202.8 公里的世界蒸汽机车速度纪录。

这枚法国邮票上的火车头，是法国动力集中式高速列车（TGV–PSE）的头车，1978 年法国阿尔斯通公司制造，轨距 1435 毫米，车轴排列形式 B_0–B_0，最高速度每小时 270 公里。

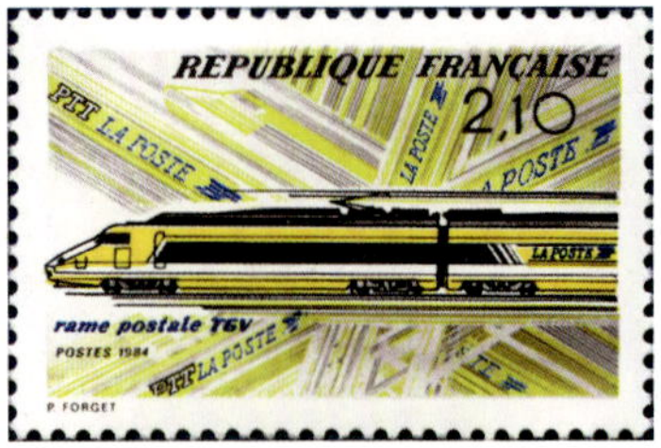

法　　国

这枚法国邮票上的火车头，是法国动力分散式双层高速列车（TGV-D）的头车，1996年阿尔斯通公司制造，轨距1435毫米，车轴排列形式 B_0-B_0，最高速度每小时360公里。

法　国

这枚摩纳哥邮票上的火车头，是一台三轴老式蒸汽机车，车轴排列形式1–1–1，前端与1847年英国唐卡斯特铁路工厂制造的“康尔沃”机车相似。

摩纳哥

这枚摩纳哥邮票上的火车头，是一台手绘的蒸汽机车，车轴排列形式看不清，票面文字显示这台机车是美国的。

摩 纳 哥

这枚保加利亚邮票上的火车头，是一台罕见的货运蒸汽机车，1918 年俄国制造，轨距 1524 毫米，车轴排列形式 1–5–0，这种轴式的机车，在德国和苏联很受欢迎，BR52 型是它们的代表，有“钢铁运输者”之称。现有一台保存在芬兰铁路博物馆。

保加利亚

这枚保加利亚邮票上的火车头，是一台十分罕见的货运蒸汽机车，1943 年柏林采盖尔斯基机械厂制造，轨距 1435 毫米，长度 18205 毫米，车轴排列形式 1–6–2，动轮直径 1340 毫米，机车重量 149.1 吨，最高速度每小时 65 公里。

保加利亚

非　洲　篇

这枚布基纳法索邮票上，是一台电力机车连挂一辆罐车，该机车配置的还是非自动连挂式车钩，看来制造年代很早，并非现在的电力机车，应是早期的电力动车。

布基纳法索

布基纳法索

这枚布基纳法索邮票上，是一台蓝白相间的电力机车，车轴排列形式C_0–C_0，车体设计虽然较现代，但置配的是非自动连挂式车钩，应是早期的内燃动车。

布基纳法索

这枚布基纳法索邮票上，是一台流线型的内燃机车，车轴排列形式 B-B，它外观设计流畅，红白相间的涂装十分亮丽，应是内燃动车组列车的头车。

这枚布基纳法索邮票上，是一台内燃机车，车轴排列形式 B_0–B_0，它外观设计像一辆公路大巴车，应是一台铁路自用的轨道汽车，即自走内燃动车。

布基纳法索

布基纳法索

这枚布基纳法索邮票上，是一台内燃机车，车体两侧是玻璃车窗及没有散热器的散热百叶窗，应是铁路自用的轨道汽车。

这枚布基纳法索邮票上，是一台内燃机车，它的机械间在驾驶室前端，两侧有人员登乘的平台和铁筋扶手，应是一台用于调车作业的内燃机车。

布基纳法索

这枚几内亚邮票上的火车头，是美国的拇指汤姆蒸汽机车，1829 年美国人皮特•库珀研制，长度 4.03 米，车轴排列形式 1–1–0，齿轮传动，它是美国制造的第一台蒸汽机车。

几 内 亚

这枚几内亚邮票上的火车头，是一台两轴蒸汽机车，1873 年英国 Dübs 公司（1903 年成为北方机车公司的一部分）制造，车轴排列形式 0–2–0，机车和煤水车一体。

几 内 亚

这枚几内亚邮票上的火车头，是一台注汽型2号蒸汽机车，1932年英国斯塔福德制造，车轴排列形式0-2-0，这种机车没有锅炉，用注入罐内的高压蒸汽作为机车的动力源。中国沈阳铁路陈列馆现有这种机车展出。

几 内 亚

这枚几内亚邮票上的火车头，是一台三轴蒸汽机车,美国鲍尔温机车厂制造，车轴排列形式0–2–1，机车与煤水车一体，水柜在锅炉两侧。

几 内 亚

这枚几内亚邮票上的火车头，是一台六轮式蒸汽机车，美国机车公司（ALCO）制造，车轴排列形式0–3–0，驾驶室窗户下面的1，是该机车的编号。

几 内 亚

这枚几内亚邮票上的火车头，是一台六轮式蒸汽机车，美国惠特科姆机车厂制造，车轴排列形式 0–3–0，驾驶室窗户下面的 2，是该机车的编号。

几 内 亚

这枚几内亚邮票上的108号蒸汽机车，由波兰波特有限公司制造，车轴排列形式0–3–0，也称六轮式机车。

几 内 亚

这枚几内亚邮票上的3号蒸汽机车，是英国火神铸造有限公司制造的，车轴排列形式0–3–0，是一台六轮式机车。

几 内 亚

这枚几内亚邮票上的火车头，是一台六轮式蒸汽机车，英国苏塞克斯机车厂制造，车轴排列形式 0–3–0，机车与煤水车一体。

几 内 亚

几 内 亚

这枚几内亚邮票上的火车头，是英国的4498号快速客运蒸汽机车，1937年唐卡斯特铁路工厂制造，车轴排列形式2-3-1，动轮直径2032毫米，最高运行速度每小时180公里。

这枚几内亚邮票上的火车头，是一台复合式蒸汽机车，澳大利亚昆士兰制造，车轴排列形式 2–3–0，曾在澳大利亚昆州铁路局运用。

几 内 亚

这枚几内亚邮票上的火车头，是一台水柜式蒸汽机车,从外观上看体积不大,机车和煤水车一体，是台调车机车。

几内亚

这枚几内亚邮票上的火车头，是世界上第一台电力机车，德国人维尔纳·西门子（Werner Siemens）发明和研制，票面图案再现了1879年5月31日在柏林贸易展览会上，机车拉着3辆客车，每辆车上乘坐6人的情景。

几 内 亚

这枚几内亚邮票上的火车头，是 CN-Gp402w 型 9666 号内燃机车，1965 年美国通用汽车公司电动力部制造，车轴排列形式 B_0-B_0，主要用于编组、解体列车、取送车辆的调车作业和牵引小运转列车。

这枚几内亚邮票上的火车头，是美国圣达菲公司制造的 2512 号内燃机车，车轴排列形式 B_0–B_0，主要用于编组、解体列车、取送车辆的调车作业和牵引小运转列车。

几 内 亚

这枚几内亚邮票上的火车头，是3328号内燃机车，1995年美国诺福克南方公司GE运输系统制造，车轴排列形式C_0–C_0，长度22300毫米，车轮直径1000毫米，机车重量190吨，最高速度每小时110公里。

几内亚

这枚几内亚邮票上的火车头，是迪赛型4634号内燃机车，1996年至1999年加拿大国家铁路公司制造，长度22050毫米，车轴排列形式C_0–C_0，输出功率3200千瓦。

几 内 亚

这枚几内亚邮票上的火车头，是SD50型6035号内燃机车，美国切西系统制造，车轴排列形式B_0-B_0，它是一台主要用于调车作业的机车。

几内亚

这枚几内亚邮票上的火车头，是 EMD-GP38ac 型 6219 号内燃机车，1966 年至 1971 年美国通用汽车公司电动力部制造，车轴排列形式 B_0-B_0，输出功率 1.49 兆瓦。

几 内 亚

这枚几内亚邮票上的火车头，是EMD-SD60型6401号内燃机车，1984年至1995年美国通用汽车公司电动力部制造，车轴排列形式C_0-C_0，输出功率2800千瓦，用于重型托运和牵引中速货运列车。

几 内 亚

这枚几内亚邮票上的火车头，是9-40cw型6627号内燃机车，1996年至2000年美国诺福克南方公司GE运输系统制造，长度22300毫米，车轴排列形式C_0-C_0，车轮直径1000毫米，输出功率2983千瓦，机车重量190吨，最高速度每小时110公里。

几内亚

这枚几内亚邮票上的火车头，是GP151型6866号内燃机车，1976年至1982年美国芝加哥和西北铁路公司制造，长度16740毫米，车轴排列形式B_0-B_0，机车重量111.6吨，牵引力210千牛。

几内亚

这枚几内亚邮票上的火车头，是EMD-SD45型9010号内燃机车，1965年至1971年美国通用汽车公司电动力部制造，长度20053毫米，车轴排列形式C_0–C_0，机车重量167吨，最高速度每小时114公里。

几 内 亚

这枚多哥邮票上的火车头，是一台摩格尔式货运蒸汽机车，埃及制造，车轴排列形式 1–3–0，这种轴式的机车，中国称为 MG 型，也有人称其为“大亨”式，多为美国机车企业生产。

多　哥

这枚多哥邮票上火车头，是一台盖拉特式蒸汽机车，1929 年至 1930 年英国制造，轨距 1067 毫米，长度 27632 毫米，车轴排列形式 4–8–2+2–8–4，动轮直径 1219 毫米，机车重量 214.4 吨，牵引力 349.9 千牛。

多　　哥

多　哥

这枚多哥邮票上的蒸汽机车，1859 年意大利安萨尔多制造，车轴排列形式 0–2–1，该车类似于澳大利亚悉尼动力博物馆展出的 1 号机车，与其他同轴式机车大同小异。

这枚多哥邮票上的蒸汽机车，1863 年英国伯肯黑德制造，车轴排列形式 1–1–1，这台机车与 1847 年英国克鲁铁路工厂制造的康尔沃型 3020 号机车基本相同，只是驾驶室不一样。

多　哥

这枚多哥邮票上的火车头，是一台美国式蒸汽机车，1866年法国唐德制造，车轴排列形式2–2–0，这种机车动轮直径较大，急转弯能力强，当时深受各国铁路欢迎。

多　哥

多　哥

这枚多哥邮票上的火车头，是一台四轮式蒸汽机车，1890 年美国纽约制造，车轴排列形式 0–2–0，这种轴式的机车出现最早，特里维西克发明的世界上第一台齿轮传动机车，就是这种轴式机车。

这枚多哥邮票上的火车头，是一台行星式蒸汽机车，车轴排列形式1–1–0，这种轴式的机车出现较早，罗伯特·斯蒂芬森发明“行星号”机车，就是这种机车。

多　哥

这枚多哥邮票上的火车头，是一台四轮式蒸汽机车，美国鲍尔温机车厂制造，车轴排列形式 0–2–0，该厂生产过很多这种轴式的机车，这是其中的一种。

多　哥

这枚多哥邮票上的火车头，是一台草原式蒸汽机车,美国鲍尔温机车厂制造，车轴排列形式 1–3–1，这种轴式的机车，中国称为颇乐型，日伪统治中国时期平绥铁路（北京至包头）就有这种蒸汽机车。

多　哥

这枚多哥邮票上的火车头，是一台四轮式蒸汽机车，美国鲍尔温机车厂制造，车轴排列形式 0–2–0，这台机车外形设计独特，锅炉和驾驶室均为方形，两侧留有散热的百叶窗，很像一辆吉普车。

多　哥

这枚多哥邮票上的火车头，是一台四轮式蒸汽机车，美国波特机械厂（H.K.Porter）制造，车轴排列形式0–2–0，机车驾驶室两侧的“KINGSTON”，显示为加拿大金斯顿，这可能是运用企业的标记。

多　哥

这枚多哥邮票上的火车头，是一台草原式蒸汽机车，美国波特机械厂（H.K.Porter）制造，车轴排列形式 1–3–1，这种轴式的机车，中国称为颇乐型，有水柜式和非水柜式两种。

多　哥

多　哥

这枚多哥邮票上的火车头，是一台四轮式蒸汽机车，英国火神铸造有限公司制造，车轴排列形式0–2–0。

这枚多哥邮票上的火车头，是一台手绘的蒸汽机车，非洲马德拉制造，票面文字显示驾驶室为篷状，可以折叠或去掉。

多　　哥

这枚多哥邮票上的火车头，是一台调车内燃机车，票面文字显示为“刚果－海洋”型。

多　哥

这枚赤道几内亚邮票上的火车头，是一台四联式蒸汽机车，英国火神铸造有限公司制造 ,1871 年卖到到日本，原称 1B 型 150 号，车轴排列形式 1–2–0，动轮直径 1914 毫米，机车与煤水车一体。

这枚赤道几内亚邮票上的火车头，是一台摩格尔式蒸汽机车，1880年制造，车轴排列形式1–3–0，票面文字显示属日本铁路。

赤道几内亚

这枚赤道几内亚邮票上的火车头，是一台哥伦比亚式蒸汽机车，1903 年制造，车轴排列形式 1–2–1，票面文字显示属日本铁路。

赤道几内亚

这枚乍得邮票上的火车头，是一台谢式蒸汽机车，车轴排列形式 0–2–2–0，还被称为 0–4–0 + 0–4–0，这种轴式的机车，两端都没有导轮和从轮，各有 4 个动轮，有人称其双费尔利机车。

乍　得

这枚乍得邮票上的火车头，是一台六轮式蒸汽机车，车轴排列形式 0–3–0，这种轴式的机车，最早的使用实例是英国“皇家乔治”的提姆斯哈克沃斯。

乍 得

这枚乍得邮票上的火车头，是一台四轮式蒸汽机车，车轴排列形式0–2–0，这种轴式的机车，最早的是1824年罗伯特·斯蒂芬森公司制造的“运动1号”，现陈列于英国达灵顿铁路博物馆。

乍　　得

这枚乍得邮票上的火车头，是一台注汽型蒸汽机车，车轴排列形式 0–2–0，这种轴式的机车，没有锅炉，用注入罐内的高压蒸汽作为机车的动力源，还被称为“无火机车”。

乍 得

这枚乍得邮票上的火车头，是一台六轮式蒸汽机车，车轴排列形式 0–3–0，这种轴式的机车黏着力大，多用于车站、码头或车库内调车作业。

乍　　得

这枚坦桑尼亚邮票上的火车头，是一台内燃调车机车，票面文字表明，机车是64级的发动机，机车正牵引着客车运行，司机还从车窗探头瞭望着进路。

坦桑尼亚

这枚刚果（布）邮票上的火车头，是一台CC-7100系电力机车，1952年至1955年法国阿尔斯通公司制造，长度18920毫米，车轴排列形式C_0–C_0，车轮直径1250毫米，机车重量107吨，最高速度每小时140公里。

刚果（布）

刚果（布）

这枚刚果（布）邮票上的火车头，是ETR–401型摆式列车的头车，1974年至1976年意大利菲亚特集团、安萨尔多公司、马瑞利公司制造，长度26900毫米，车轮直径890毫米，输出功率1800千瓦，牵引力250千牛，最高速度每小时171公里。

这枚刚果（布）邮票上的火车头，是一台汽轮机列车的动力车，1967 年至 1968 年美国联合飞机有限公司制造，长度 22330 毫米，最高速度每小时 274 公里。这种列车，是世界上最早的高速列车，是世界上最早的燃气轮机客运列车，是世界上最早的摆式客运列车。

这枚刚果（布）邮票上的火车头，是苏联 M–62K 型内燃机车，1965 年至 1974 年卢甘斯克机车制造厂制造，长度 17550 毫米，车轴排列形式 C_0–C_0，机车重量 117 吨，输出功率 1472 千瓦，最高速度每小时 100 公里。

刚果（布）

刚果（布）

这枚刚果（布）邮票上的火车头，是 ER–200（俄文 3 P 200）型高速城际电力动车组与电阻制动列车的头车，1974 年苏联里加车辆制造厂和里加电机制造厂制造，长度 26000 毫米，车轴排列形式为 B_0–B_0，车轮直径 950 毫米，车体重量 48.7 吨，直—直流电传动，最高速度每小时 200 公里。

这枚刚果（布）邮票上的火车头，是全欧城际快车（TEE）的动力车，该车为 VT11.5-601 系列，1957 年德国制造，七车单组长度 130720 毫米、重量 230 吨，动轮直径 950 毫米，最高速度每小时 160 公里。1971 年开始主要运用于非电气化城际铁路。

刚果（布）

这枚圣多美和普林西比邮票上的火车头，是一台六轮式蒸汽机车，比利时制造，车轮排列形式 0-3-0，类似于比利时出产的西克型机车。

圣多美和普林西比

这枚圣多美和普林西比邮票上的火车头，是一台复合式蒸汽机车，车轮排列形式 2–3–0，这种轴式的机车，中国称为 TH 型机车。

圣多美和普林西比

马达加斯加

这枚马达加斯加邮票上的火车头，是一款内燃机车，20世纪80年代跨国机车企业墨里森公司制造，这台机车的配置和性能，与美国通用汽车公司电动力部制造的EMD-SD50型内燃机车接近。

这枚马达加斯加邮票上的火车头，是EMD-GP60型内燃机车，1985年至1993年美国通用汽车公司电动力部制造，长度18210毫米，车轴排列形式B_0-B_0，输出功率2800千瓦。

马达加斯加

这枚马达加斯加邮票上的火车头，是 ER200（俄文 3 P 200）型城际高铁动车组列车的头车，1974 年苏联里加车辆制造厂和里加电机制造厂制造，长度 26000 毫米，车轴排列形式 B_0–B_0，车轮直径 950 毫米，车体重量 48.7 吨，直—直流电传动，最高速度每小时 200 公里。

马达加斯加

马达加斯加

这枚马达加斯加邮票上的火车头，是德国第一系列高速列车的头车，1989 年至 1993 年该国克劳斯·玛菲集团、克虏伯公司、亨舍尔公司、西门子公司联合制造，长度 20560 毫米，车轴排列形式 B_0–B_0，车体重量 77.5 吨，最高速度每小时 200 公里。

这枚马达加斯加邮票上的火车头，是瑞典的X2000型摆式列车的头车，1990年该国卡尔马公司制造，动车轮径1100毫米，列车长度165米（7节），列车重量365吨（7节），最高速度每小时210公里。

马达加斯加

这枚马达加斯加邮票上的火车头，是日本的超景蛹子号 251 系列列车的头车，1990 年川崎重工股份公司和近畿车辆制造有限公司制造，轨距 1067 毫米，长度 20000 毫米，最高速度每小时 120 公里。

马达加斯加

这枚莱索托邮票上的火车头，是牵引世界著名列车——东方快车的蒸汽机车，1900 年法国制造，车轴排列形式 2–3–0。这趟列车从巴黎至伊斯坦布尔，途经七个不同国家，世界上的富豪、名人和欧洲王室成员都乘坐过，时称火车轮上的“移动宫殿”。

莱 索 托

这枚莱索托邮票上的火车头，是一台复合式蒸汽机车，1906 年英国制造，车轴排列形式 2–3–0，这台机车当时运行在英国加里东铁路。

莱 索 托

这枚莱索托邮票上的火车头，是一台太平洋式蒸汽机车，1934年英国唐卡斯特铁路工厂制造，长度21340毫米，车轴排列形式2–3–1，动轮直径2032毫米，机车重量79.79吨，最高速度每小时160公里，当时被命名为“苏格兰飞人”。

莱 索 托

莱 索 托

这枚莱索托邮票上的火车头，是一台哈德逊式蒸汽机车，1935 年德国制造，长度 26265 毫米，车轴排列形式 2–3–2，动轮直径 2300 毫米，机车重量 129.9 吨，最高速度每小时 200.4 公里。

这枚莱索托邮票上的火车头，是 EMD–FT 型内燃机车，1940 年美国通用汽车公司电动力部制造，车轴排列形式 B_0–B_0+B_0–B_0（AB 组），最高速度每小时 160 公里。这种机车史称“超级首席”，它们牵引的列车因沿途乘坐名人较多，被称为“星星”火车。

大洋洲篇

这枚澳大利亚邮票上的火车头，是澳大利亚塔斯马尼亚州的一种小型旅游蒸汽机车，轨距 1067 毫米，运行在墨尔本与普芬比利之间，这种机车是单丁农山原始森林旅游列车的专用牵引动力。

澳大利亚

这枚澳大利亚邮票上的火车头，是VR型S301号蒸汽机车，1937年澳大利亚纽波特铁路工厂制造，轨距1435毫米，车轴排列形式2-3-1，动轮直径1853毫米，机车重量197.77吨，最高速度每小时138.4公里。这台机车装配精简流线型全钢豪华外壳，涂装皇家蓝色，专门牵引“进取精神”号列车。

澳大利亚

澳大利亚

这枚澳大利亚邮票上的火车头，是澳大利亚最著名的 3801 号蒸汽机车，1943 年该国克莱德工厂制造，轨距 1435 毫米，车轴排列形式 2–3–1，动轮直径 1753 毫米，机车重量 201 吨。它是第一台穿越澳大利亚大陆的机车，曾拍摄过电影《蒸汽火车经过》。

澳大利亚

这枚澳大利亚邮票上的火车头，是NR系列的AN7-A型内燃机车，1992年澳大利亚克莱德工厂制造，轨距1435毫米，长度22.60米，车轴排列形式C_0-C_0，输出功率3030千瓦，牵引力323千牛，最高速度每小时150公里，曾牵引穿越澳洲的“甘”号列车。

这枚澳大利亚邮票上的火车头，是澳大利亚凯恩斯铁路牵引旅游观光列车的内燃机车，轨距 1067 毫米。这条铁路 1882 建成，由凯恩斯市至热带雨林中的美丽小镇库兰达，列车和机车被游人称为“登山小火车”。

澳大利亚

这枚澳大利亚邮票上的火车头，是澳大利亚的DP101型内燃机车，1937年制造，重量63吨，它是当时牵引帕克斯至破山“银城彗星”列车的机车，现保存在该国硫化物街铁路历史博物馆。

澳大利亚

这枚澳大利亚邮票上的火车头，是一台太平洋式客运蒸汽机车，1943 年澳大利亚克莱德工厂制造，轨距 1435 毫米，车轴排列形式 2–3–1，动轮直径 1753 毫米，机车重量 201 吨。

这枚图瓦卢邮票上的火车头，是一台摩格尔式蒸汽机车，1907 年德国柏林机械厂制造，长度 9670 毫米，重量 54.5 吨，车轴排列形式 1–3–0，动轮直径 1850 毫米，最高速度每小时 100 公里。

澳大利亚

图 瓦 卢

这枚图瓦卢邮票上的火车头，是一台 9700 系列货运蒸汽机车，1897 年日本川崎重工股份公司等制造，轨距 1067 毫米，长度 19730 毫米，车轴排列形式 1–4–1，机车重量 123 吨，最高速度每小时 85 公里。

这枚图瓦卢邮票上的火车头，是一台 SP4449 型蒸汽机车，1941 年美国利马机车厂制造，车轴排列形式 2–4–2，动轮直径 2080 毫米，机车重量 357.76 吨，最高速度每小时 180 公里。

这枚图瓦卢邮票上的火车头，是一台太平洋式蒸汽机车，1909 年英国北方机车公司制造，长度 13660 毫米，车轴排列形式 2–3–1，动轮直径 1950 毫米，最高速度每小时 130 公里。

这枚图瓦卢邮票上的火车头，是一台盖拉特式 601 号蒸汽机车，1952 年至 1954 年英国拜尔公司等企业制造，车轴排列形式 2–4–2+2–4–2，动轮直径 1397 毫米，机车重量 255 吨，牵引力 264.9 千牛。

这枚图瓦卢邮票上的火车头，是一台客运蒸汽机车，1892年英国西部大铁路工厂制造，车轴排列形式2–1–1，动轮直径2350毫米。

这枚图瓦卢邮票上的火车头，一台是太平洋式客运蒸汽机车，1906年英国斯温顿铁路工厂制造，轨距1435毫米，车轴排列形式2–3–1，动轮直径1397毫米。

这枚新西兰邮票上的火车头，是一台轴式 1–2–0 的蒸汽机车和一台内燃机车。票面文字显示，这枚邮票是为纪念铁路发展百年发行的，反映了邮票发行时该国蒸汽机车和内燃机车并存的历史。

北美洲篇

这枚加拿大邮票上的火车头，是一台美国式蒸汽机车，1853 年加拿大多伦多市杰姆斯好家庭制造，车轴排列形式 2-2-0。它名为“多伦多”，也被称为美国式，是该国制造的第一台蒸汽机车。

这枚加拿大邮票上的火车头，是一台二轴的四轮式蒸汽机车，英国多切斯特铁路工厂制造，车轴排列形式 0–2–0，从外观上看，好像 1814 年罗伯特 • 史蒂芬森公司制造的“雪儿”机车。

加 拿 大

加 拿 大

这枚加拿大邮票上的火车头，是一台三轴的六轮式蒸汽机车，车轴排列形式0–3–0，好像1827年英国“皇家乔治”制造的雏形机车。

这枚加拿大邮票上的火车头，是一台美国式蒸汽机车，1836 年至 1860 年加拿大制造，车轴排列形式 2–2–0，票面文字显示为亚当布朗机车。

加 拿 大

这枚美国邮票上的火车头，是一台“约翰牛”蒸汽机车，1831 年罗伯特 · 史蒂芬森和公司制造，车轴排列形式 2–1–0（史蒂芬森作为一个 0–2–0），轨距 1435 毫米，重量 10 吨，动轮直径 1370 毫米。

这枚美国邮票上的火车头，是一台美国早期的蒸汽机车，1832 年英国伯明翰和格洛斯特铁路制造。1837 年美国鲍尔温机车厂制造的“先锋”机车，与其非常相似。

这枚美国邮票上的火车头，是一台八轮式蒸汽机车，车轴排列形式 2-2-0，1839 年制造，动轮直径 1066 毫米，平均速度每小时 15.8 公里。为了合理分配重量，研制者将后轴放在了燃烧室下面。

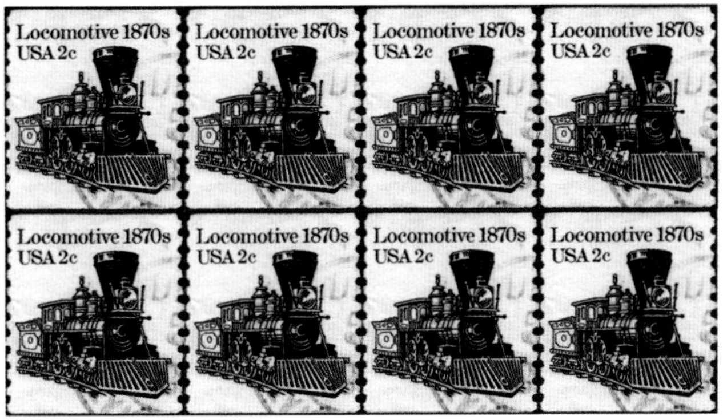

美　　国

这枚美国邮票上的火车头，是一台早期的美国式蒸汽机车，1870 年制造，车轴排列形式 2–2–0。1873 年梅森机械厂给密西西比河及俄亥俄铁路制造的，轨距 1524 毫米的相同轴式机车，与它及其相似。

这枚美国邮票上的火车头，是一台美国式蒸汽机车，1874 年制造，车轴排列形式 2-2-0。这种轴式的机车，当时由于在动轮前加装了四个导轮，可以加长锅炉，增加热蒸能力，提高机车牵引力，所以很受欢迎。

美　国

这枚美国邮票上的火车头，是一台美国式蒸汽机车，车轴排列形式 2–2–0。这种轴式的机车，由于当时在动轮前面加装了四个导轮，使机车转弯时速度更稳定，在美国大量生产和使用，随后英国也大量生产。

美　国

这枚尼加拉瓜邮票上的火车头，是 1898 年美国鲍尔温机车厂最早制造的一款客运蒸汽机车，长度 19900 毫米，车轴排列形式 2–3–0，动轮直径 1600.2 毫米，机车重量 117.482 吨。此型机车有 4 个导轮、6 个动轮，没有从轮，这种轮式的机车，由于提供了稳定速度，还能加长锅炉，成为十九世纪中叶美国第二个最流行配置，被称为十轮式。

尼加拉瓜

这枚尼加拉瓜邮票上的火车头，是一台哥伦比亚式蒸汽机车，车轴排列形式1–2–1，从烟囱上看，可能是燃烧木材的窄轨机车。其名称由来，是由于其问世后第一次展出，就在1893年的哥伦比亚世界博览会上，因其外貌“小巧可爱”被人所识。

尼加拉瓜

尼加拉瓜

这枚尼加拉瓜邮票上的火车头，从外观上看，属于十轮式蒸汽机车的一种，英文名称为 10-wheel。据有关资料显示，此型机车虽是客运机车，但具有坚固耐用、运行可靠等特点，还可牵引干线货运列车，是当时的支柱性机车。

这枚尼加拉瓜邮票上的火车头，由美国鲍尔温机车厂制造，车轴排列形式1–4–0，中文译名团结式，美国田纳西州山谷铁路博物馆现在还有这种型号的机车展出。

尼加拉瓜

这枚尼加拉瓜邮票上的火车头，是一台十轮式蒸汽机车，也称复合式机车，车轴排列形式为 2–3–0，当时机车生产企业设计这种类型的机车，就是帮助取代无所不在的 4–4–0 轮式（即美国式）机车，其名称是因为它有 4 个导轮和 6 个驱动轮。

尼加拉瓜

这枚尼加拉瓜邮票上的火车头，是一台十轮式蒸汽机车，车轴排列形式 2–3–0，此型机车因其灵活性和可靠性好，并能通过 1.2192 米的曲线半径，1847 年首先出现在美国费城和雷丁铁路，专门用于牵引坡度相对陡峭线路上的客货列车。

尼加拉瓜

这枚尼加拉瓜邮票上的火车头，是一台美国式蒸汽机车，车轴排列形式 2–2–0，轨距 1067 毫米，美国机车公司（ALCO）、鲍尔温机车厂（Baldwin）等企业，都大量制造过这类机车，当时美国、加拿大、澳大利亚等国家的铁路部门，都曾广泛配属过这类机车。

尼加拉瓜

这枚尼加拉瓜邮票上的火车头，是一台团结式蒸汽机车，车轴排列形式为 1–4–0，这种机车特别适用于曲线半径小的山路区段，美国、日本等机车企业都曾制造过这类机车。

尼加拉瓜

这枚古巴邮票上的火车头，是一台古老的蒸汽机车，车轴排列形式 0-2-0，但前部排障器中间还有一个小车轮，看起来非常特殊。

古　　巴

这枚古巴邮票上的火车头，是一台特殊轴式的蒸汽机车，1863年美国制造，车轴排列形式0–6–0，曾配属宾夕法尼亚铁路。它竟然有12个动轮，其牵引力的大小就可想而知了。

古　巴

这枚古巴邮票上的火车头，车轴排列形式 0–3–0，从票面文字看应属葡萄牙。这类 6 轮式机车历史悠久，最早在铁路上运用的是蒸汽机车雏形——提姆斯哈克沃斯，1827 年英国“皇家乔治”制造，现保存在英国达灵顿铁路博物馆。

古　巴

这枚古巴邮票上的火车头，是一台美国式蒸汽机车，1875年鲍尔温机车厂制造，车轴排列形式2-2-0，燃料木材，该机车为明星机车，绰号“阴阳”，1926年退役后，曾拍摄过《年轻的爱迪生》等许多部影视，现陈列于美国卡森市内华达州铁路博物馆。

古　巴

这枚古巴邮票上的火车头，票面的“ROCKET”英文单词，中文为火箭，车轴排列形式为0–1–1，车轮为木制，因此可认定它是罗伯特·史蒂芬森发明的“火箭号”蒸汽机车。1829年英国罗伯特·史蒂芬森公司制造，机车重量4吨，最高速度每小时47公里，燃料煤炭，在利物浦至曼彻斯特铁路机车比赛中，获得了“雨山试验”最好设计的动力火车奖，成为此后150年里蒸汽机车制造的模板，该机车现陈列于英国伦敦科学博物馆。

古　　巴

这枚古巴邮票上的火车头，车轴排列形式0–2–0，从车轮配置看，有点像1828年罗伯特·史蒂芬森设计制造的机车“兰开夏郡的女巫”；从烟囱上看，所用燃料可能是木材；票面的“VULCAN”英文单词显示，制造企业可能是英国的火神铸造。总之，这台蒸汽机车应该属于老古董机车。

古　巴

古　巴

这枚古巴邮票上的火车头，是一台团结式蒸汽机车，车轴排列形式 1–4–0。此型机车是从 0–4–0 轴式机车演变而来的，也有人说是从 1–3–0 轴式机车演变来的，它问世后，设计制造者给它取名为“巩固”，铁路企业都用它来牵引重载列车。

这枚古巴邮票上的火车头，是一台太平洋式客运蒸汽机车，车轴排列形式2-3-1。此型机车与其他型号机车相比，一般动轮直径较大，所以运行速度也较快，世界著名机车“苏格兰飞人”，就是这种轴式。

古　　巴

这枚古巴邮票上的火车头，是一台团结式蒸汽机车，车轴排列形式 1–4–0。此型机车的长处是牵引重载列车时，起动和运行较快，因此当时被世界许多国家普遍采用。

古 巴

这枚古巴邮票上的火车头，是一台美国式蒸汽机车，车轴排列形式 2–2–0，美国机车企业制造。这种机车在当时设计水平比较先进，动轮直径较大，急转弯能力强，所以深受各国铁路的青睐。

古　巴

这枚古巴邮票上的火车头，是天皇式蒸汽机车，1884 年美国鲍尔温机车厂制造，车轴排列形式 1–4–1。其名称源于一组日本机车，1885 年，英国剧作家吉尔伯特和英国作曲家沙利文的歌剧《日本天皇》，在英国和美国深得人心。1897 年美国正在为日本制造相同轴式的 9700 系蒸汽机车，恰巧日本天皇在英语里也被称为“天皇”，于是就将这种机车称作了“天皇”。

古　巴

这枚古巴邮票上的火车头，是一台内燃机车，车轴排列形式 B_0–B_0，从票面文字、柴油发动机的气缸原理图和机车外观，就明显地可以看出这是内燃调车机车。

古　巴

这枚圣文森特和格林纳丁斯邮票上的火车头，1942 年英国制造，车轴排列形式 0–3–0。这种轴式的蒸汽机车，因具有高牵引力和黏着系数，所以被广泛用于调车作业。此型 33001 号机车，现保存于英国南约克郡谢菲尔德公园。

这枚圣文森特和格林纳丁斯邮票上的火车头，是一台复合式蒸汽机车，1928 年英国斯温顿制造，长度 19210 毫米，车轴排列形式 2–3–0，动轮直径 0.914 米，机车重量 75 吨。这种轴式的机车性能优越，并安装了更现代的城堡式驾驶室，被命名为英格兰和威尔士“乡村的房屋”。

圣文森特和格林纳丁斯

这枚圣文森特和格林纳丁斯邮票上的火车头，1927 年英国制造，车轴排列形式 2–2–0，动轮直径 946 毫米。这种轴式的蒸汽机车，是为满足当时最重的快递服务，牵引快速客运列车而设计的，由于新机车的动轮直径达到了标准，都用于牵引干线旅客列车。

这枚圣文森特和格林纳丁斯邮票上的火车头，1927 年英国斯温顿铁路工厂制造，长度 14680 毫米，车轴排列形式 2–3–0，动轮直径 1980 毫米。这种十轮式机车设计干净整洁，角线和铆钉也很抓光，当时深受特快旅客欢迎。

圣文森特和格林纳丁斯

这枚圣文森特和格林纳丁斯邮票上的火车头，1902 年英国制造，车轴排列形式 2–2–0，动轮直径 1080 毫米。该机车原编号为 1000，1948 年改为 41000 号。1959 年将其恢复到 1914 的状态，涂装成米德兰栗色，现保存在英国约克国家铁路博物馆。

这枚圣文森特和格林纳丁斯邮票上，是一台客运蒸汽机车，1927 年英国伊斯特利铁路工厂制造，长度 20.26 米，车轴排列形式 2–3–0，动轮直径 940 毫米，机车重量 80 吨。

这枚圣文森特和格林纳丁斯邮票上的火车头，1912 年英国斯特拉特福德制造，长度 17550 毫米，车轴排列形式 2-3-0，动轮直径 991 毫米，机车重量 62 吨。此型机车曾配属英国伦敦东部和北部铁路。

这枚圣文森特和格林纳丁斯邮票上，是一台美国式蒸汽机车，1900 年英国斯特拉特福德制造，长度 16275 毫米，车轴排列形式 2-2-0，动轮直径 2100 毫米。机车涂装为英国皇家蓝色，烟囱帽上装饰一圈铜边，特别美观。

这枚圣文森特和格林纳丁斯邮票上的火车头，1948 年英国唐卡斯特铁路工厂制造，车轴排列形式 2–3–1，动轮直径 965 毫米，机车重量 101 吨，最高速度每小时 163 公里，苹果绿色的涂装，彰显了当时它的现代性设计。

这枚圣文森特和格林纳丁斯邮票上的火车头，1907 年英国斯温顿铁路工厂制造，车轴排列形式 2–3–0，动轮直径 965 毫米，机车重量 75.8 吨。这类机车在 1906 年晚些时候被命名为“北极星”。

这枚圣文森特和格林纳丁斯邮票上的火车头，1899年英国伦敦西南铁路公司制造，长度19430毫米，车轴排列形式2–2–0，动轮直径1092毫米，机车重量46吨。这类机车“晚年”速度还能超过每小时128.8公里，深得机车乘务员喜欢，现有30120号陈列于英国国家铁路博物馆。

这枚圣文森特和格林纳丁斯邮票上的火车头，1892年德国制造，车轴排列形式2–2–0，动轮直径1447毫米，机车重量78吨。这种蒸汽机车锅炉大，外表相当平衡，只有大车轮看起来有些奇怪，很适合牵引客运列车。

这枚圣文森特和格林纳丁斯邮票上的火车头，是拉特式蒸汽机车，法国制造，车轴排列形式 2–3–1+2–3–2，动轮直径 1092 毫米，机车重量 144 吨，双太平洋设计，富有弹性，曲线上快速运行无障碍，经常牵引夜间快车。

这枚圣文森特和格林纳丁斯邮票上的火车头，1941 年美国诺福克南方铁路公司制造，长度 33270 毫米，车轴排列形式 2–4–2，动轮直径 1778 毫米，机车重量 224.1 吨，最高运行速度每小时 160 公里。

圣文森特和格林纳丁斯

这枚圣文森特和格林纳丁斯邮票上的火车头，是一台美国式蒸汽机车，1895 年美国制造，长度 19.03 米，车轴排列形式 2–2–0，动轮直径 914 毫米，机车总重 64 吨。

这枚圣文森特和格林纳丁斯邮票上的火车头，是日本的爱伯特式电力机车，1926 年瑞士与日本合作制造两辆，长度 12800 毫米，车轴排列形式 B_0–B_0，整备重量 59.85 吨，当时运行在横川至轻井泽间。

这枚圣文森特和格林纳丁斯邮票上的火车头，是牵引英国城际 125“高速列车”的内燃机车，1961 年英国电气公司制造，长度 21180 毫米，车轴排列形式 C_0–C_0，动轮直径 1143 毫米，机车重量 101 吨。

这枚圣文森特和格林纳丁斯邮票上的火车头，是英国 253 系高速列车的头车，1980 年英国铁路工程有限公司（布雷尔）制造，最高运行速度每小时 200 公里。

这枚圣卢西亚邮票上的火车头，是英国的半流线型快速客运蒸汽机车，1940 年克鲁铁路工厂制造，长度 22511 毫米，车轴排列形式 2–3–1，动轮直径 914 毫米，机车重量 105.25 吨。

这枚圣卢西亚邮票上的火车头，是一台美国式蒸汽机车，1930 年英国伊斯特利工厂制造，长度 17930 毫米，车轴排列形式 2–2–0，动轮直径 940 毫米，机车重量 67.1 吨，最高运行速度每小时 153 公里。

这枚圣卢西亚邮票上的火车头，是英国的爱国者类蒸汽机车，1930 年克鲁铁路工厂制造，长度 19120 毫米，车轴排列形式 2–3–0，动轮直径 991 毫米，机车重量 123.45 吨，当时运用于伦敦米德兰和苏格兰铁路。

这枚圣卢西亚邮票上的火车头，是“苏格兰飞人”蒸汽机车，1923 年英国唐卡斯特铁路工厂制造，长度 21340 毫米，车轴排列形式 2–3–1，动轮直径 2032 毫米，机车重量 97.79 吨，最高运行速度每小时 160 公里。

这枚圣卢西亚邮票上的火车头，是英国的瑞丁式蒸汽机车，1920 年英国制造，长度 12763 毫米，车轴排列形式 2–2–2，动轮直径 1798 毫米，机车重量 78.5 吨。此型机车共制造 8 台，当时配属英国伦敦至诺丁汉铁路。

这枚圣卢西亚邮票上的火车头，是著名的艾德勒蒸汽机车，1835 年英国纽卡斯尔制造，长度 7620 毫米，车轴排列形式 1–1–1，动轮直径 915 毫米，机车重量 11.4 吨，当时运用于巴伐利亚路德维希铁路。

这枚圣卢西亚邮票上的火车头，是英国的南达科他蒸汽机车，1873 年克鲁铁路工厂制造，车轴排列形式 0–3–0，动轮直径 1295 毫米，机车重量 32 吨。因它们被用于牵引运煤列车，当时称为“煤机”。

这枚圣卢西亚邮票上的火车头，是英国的 2238 号重载货运蒸汽机车，1921 年英国达林顿制造，车轴排列形式 0–4–0，动轮直径 1410 毫米，机车重量 65.9 吨，现保存于英国北约克郡铁路。

圣卢西亚

这枚圣卢西亚邮票上的火车头，1903年南非克劳斯克公司制造，轨距610毫米，车轴排列形式0–3–0，燃料木材，机车重量9.144吨。此型机车当时运用于开普铁路。

这枚圣卢西亚邮票上的火车头，是一台复合式蒸汽机车，1928年英国北方机车公司制造，车轴排列形式2–3–0，动轮直径965毫米，机车重量77.25吨。此型机车当时在英国伦敦东部和北部铁路牵引客车。

这枚圣卢西亚邮票上的火车头，是英国早期的一种蒸汽机车，1838 年英国托德公司制造，车轴排列形式 0–2–1，动轮直径 1524 毫米，最高速度每小时 72 公里，该机车当时运用于利物浦及曼彻斯特铁路。

这枚圣卢西亚邮票上的火车头，是一台复合式蒸汽机车，1926 年英国伊斯特利工厂制造，长度 21300 毫米，车轴排列形式 2–3–0，动轮直径 940 毫米，机车重量 142 吨。此型机车当时运用于英国南方铁路。

这枚圣卢西亚邮票上的火车头，是一台英国战役类蒸汽机车，1945 年布莱顿工厂制造，长度 20540 毫米，车轴排列形式 2–3–1，动轮直径 940 毫米，机车重量 86 吨。这类机车适合各种路线。

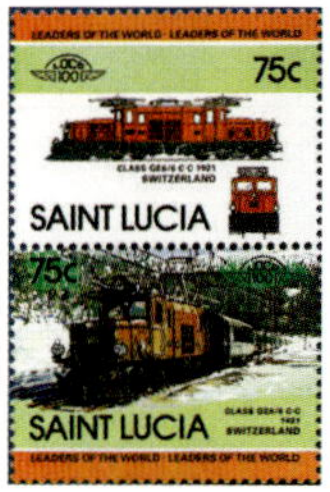

这枚圣卢西亚邮票上的火车头，是瑞士的“鳄鱼”式电力机车，1921 年瑞士机车机械厂和奥尔里肯机械厂制造，长度 19460 毫米，车轴排列形式 C_0–C_0，车轮直径 1350 毫米，最高速度每小时 75 公里。

这枚圣卢西亚邮票上的火车头，是一台十轮式 2290 号蒸汽机车，1919 年英国德比铁路工厂制造，车轴排列形式 0–5–0，动轮直径 1410 毫米，机车重量 105 吨。这类机车由于体积大，当时被称为“大块头”或“大艾玛”。

圣卢西亚

这枚圣基茨和尼维斯邮票上的火车头，是一台太平洋式蒸汽机车，1951 年英国克鲁铁路工厂制造，长度 20960 毫米，车轴排列形式 2–3–1，车轮直径 914 毫米，机车重量 94 吨，这类机车在锅炉设计上，致力于省力和降低维护成本，并采取了各种节能措施。

圣基茨和尼维斯

这枚圣基茨和尼维斯邮票上的火车头，是一台复合式蒸汽机车，1927年英国斯温顿铁路工厂制造，长度20780毫米，车轴排列形式2–3–0，动轮直径914毫米，机车重量135吨。

这枚圣基茨和尼维斯邮票上的火车头，是一台二轴蒸汽机车，1829年美国拉斯特里克公司制造，车轴排列形式0–2–0，车轮直径1219毫米，机车重量9吨，这款机车被称为“斯陶尔布里奇狮子”。

这枚圣基茨和尼维斯邮票上的火车头，是一台复合式蒸汽机车，1924 年英国斯温顿铁路工厂制造，长度 19860 毫米，车轴排列形式 2–3–0，动轮直径 965 毫米，机车重量 58 吨。这款机车是英国当时牵引高速客运列车的机车。

这枚圣基茨和尼维斯邮票上的火车头，是一台罕见的蒸汽机车，1878 年英国制造，车轴排列形式 0–3–2，车轮直径 1450 毫米，机车重量 77 吨。这款机车很少见，前面没有导轮，6 个动轮后面就是 4 个从轮。

这枚圣基茨和尼维斯邮票上的火车头，是一款驼峰调车蒸汽机车，1908 年英国制造，车轴排列形式 0–4–2，动轮直径 1422 毫米，机车重量 58 吨。这款机车共制造了 6 台，早已全部报废。

这枚圣基茨和尼维斯邮票上的火车头，是一台德家宝式蒸汽机车，1960 年英国克鲁铁路工厂制造，车轴排列形式 1–5–0，车轮直径 914 毫米，机车重量 139.2 吨。这类机车通用性较好，即可牵引快速客运列车，也可牵引重载货运列车。

这枚圣基茨和尼维斯邮票上的火车头，是一台 160 年前的蒸汽机车，1851 年英国制造，车轴排列形式 2–2–0，动轮直径 1070 毫米。编号 2096，时称“彗星”。

这枚圣基茨和尼维斯邮票上的火车头，是一台十二轮式蒸汽机车，1940 年法国制造，长度 20790 毫米，车轴排列形式 2–4–0，车轮直径 1900 毫米，机车重量 136.5 吨。

这枚圣基茨和尼维斯邮票上，是一台复合式蒸汽机车，1945 年英国斯温顿铁路工厂制造，长度 19210 毫米，车轴排列形式 2–3–0，动轮直径 914 毫米，机车重量 76 吨。

这枚圣基茨和尼维斯邮票上的火车头，这一台流线型蒸汽机车，1935 年英国唐卡斯特工厂制造，车轴排列形式 2–3–1，动轮直径 965 毫米，机车重量 167 吨。曾牵引保持世界最快纪录的英国“野鸭号”列车。

这枚圣基茨和尼维斯邮票上，是一台外形特殊的蒸汽机车，1946 年英国布莱顿机车厂制造，长度 20540 毫米，车轴排列形式 2–3–1，动轮直径 1880 毫米，机车重量 86 吨，该机车现陈列于英国国家铁路博物馆。

这枚圣基茨和尼维斯邮票上，是一台复合式蒸汽机车，1934 年英国克鲁铁路工厂制造，长度 19400 毫米，车轴排列形式 2–3–0，车轮直径 1003 毫米，机车重量 72.2 吨。

圣基茨和尼维斯

这枚圣基茨和尼维斯邮票上，是一台 EF81 系列货运电力机车，1968 年日本日立公司和三菱公司制造，长度 18600 毫米，车轴排列形式 B_0–B_0–B_0，车轮直径 1120 毫米，机车重量 100.8 吨，最高运行速度每小时 110 公里。

这枚圣基茨和尼维斯邮票上，是一台 2D2 型 5500 系列电力机车，1927 年法国国营铁路公司制造，长度 17780 毫米，车轴排列形式 2–D_0–2，车轮直径 1750 毫米、970 毫米，最高运行速度每小时 140 公里。

这枚圣基茨和尼维斯邮票上，是一台燃气轮机电力机车，1953年美国通用电气公司制造，长度25464毫米，车轴排列形式B_0–B_0–B_0–B_0，机车重量230吨，最高速度每小时105公里。当时装备美国联合太平洋铁路，用于干线货物运输。

这枚圣基茨和尼维斯邮票上，是日本新干线0系列超级快车的头车，1964年日本铁路集团制造，车轴排列形式C_0–C_0，最高速度每小时220公里。

南 美 洲 篇

这枚圭亚那邮票上的火车头，是一台四轮式蒸汽机车，从外观上看，制造年代比较久远，其燃料应该是木材。

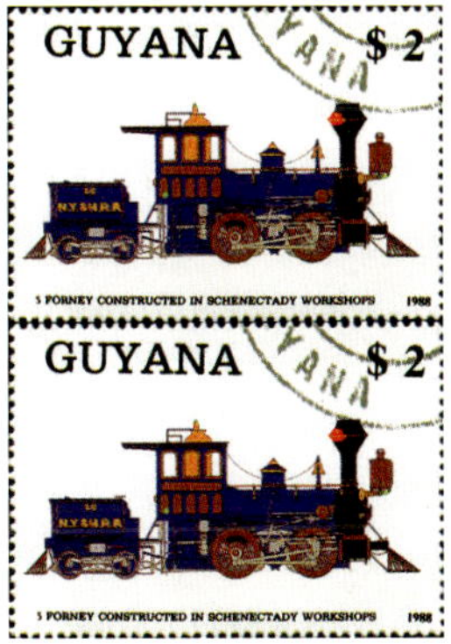

这枚圭亚那邮票上的火车头，是一台太平洋式蒸汽机车，1923年制造，车轴排列形式 2–3–1，英文通用名称为 Pacific。

这枚圭亚那邮票上的火车头，是一台复合式蒸汽机车，1939年英国西部大铁路公司制造，长度19210毫米，车轴排列形式2–3–0，动轮直径914毫米，机车重量74吨。

这枚圭亚那邮票上的火车头，是一台英国不列颠之战类蒸汽机车，1946 年英国布莱顿机车厂制造，长度 20540 毫米，车轴排列形式 2–3–1，动轮直径 1880 毫米，机车重量 86 吨。现陈列于英国国家铁路博物馆。

这枚圭亚那邮票上的火车头，是英国的60017号高速客运蒸汽机车，1923年英国唐卡斯特铁路工厂制造，车轴排列形式2-3-1，动轮直径2032毫米，机车重量167吨，最高速度每小时140公里。这台机车原称“银狐”，现陈列于英国国家铁路博物馆。

这枚圭亚那邮票上的火车头，是一台太平洋式蒸汽机车，1922年至1935年英国唐卡斯特铁路工厂和北方机车公司制造，长度21460毫米，车轴排列形式2-3-1，动轮直径2032毫米，机车重量91.35吨，最高速度每小时174公里。

这枚巴拉圭邮票上的火车头，是康沃尔型 3020 号蒸汽机车，1847 年英国克鲁铁路工厂制造，车轴排列形式 1–1–1，动轮直径 2591 毫米，该机车只制造了一台，是当时的高速客运机车，现陈列于英国国家铁路博物馆。

巴 拉 圭

这枚巴拉圭邮票上的火车头，是“哈德威克”097号蒸汽机车，1868年英国克鲁铁路工厂制造的，车轴排列形式1–2–0，动轮直径2057毫米，机车重量35.60吨，现陈列于英国国家铁路博物馆。

巴 拉 圭

这枚巴拉圭邮票上的火车头，是“斯特灵”1号蒸汽机车，1870年英国唐卡斯特铁路工厂制造，长度15420毫米，车轴排列形式2–1–1，动轮直径2464毫米，机车重量39.45吨，现陈列于英国斯特灵市国家铁路博物馆。

这枚巴拉圭邮票上的火车头，是一台六轮式蒸汽机车，1872年英国布莱顿机车厂制造，长度7940毫米，车轴排列形式0–3–0，动轮直径1219毫米，机车重量27.5吨。此型机车现存10台，个人购买保存8台，加拿大铁路博物馆和英国国家铁路博物馆各陈列一台。

这枚巴拉圭邮票上的火车头，是康沃尔型3020号蒸汽机车，1847年英国克鲁铁路工厂制造，车轴排列形式1–1–1，动轮直径2591毫米，该机车只制造了一台，是当时的高速客运机车，现陈列于英国国家铁路博物馆。

这枚巴拉圭邮票上的火车头，是“哈德威克”097 号蒸汽机车，1868 年英国克鲁铁路工厂制造的，车轴排列形式 1–2–0，动轮直径 2057 毫米，机车重量 35.60 吨，现陈列于英国国家铁路博物馆。

这枚巴拉圭邮票上的火车头，是“斯特灵”1号蒸汽机车，1870年英国唐卡斯特铁路工厂制造，长度15420毫米，车轴排列形式2–1–1，动轮直径2464毫米，机车重量39.45吨，现陈列于英国斯特灵市国家铁路博物馆。

巴 拉 圭

编后记

2014 年 10 月 15 日上午，中共中央总书记、国家主席、中央军委主席习近平，在北京主持召开文艺工作座谈会并发表重要讲话。他强调，文艺是时代前进的号角，最能代表一个时代的风貌，最能引领一个时代的风气。实现“两个一百年”奋斗目标、实现中华民族伟大复兴的中国梦，文艺的作用不可替代，文艺工作者大有可为。

为了推动文艺繁荣发展，把最好的精神食粮奉献给广大读者，创作生产出人民喜闻乐见的优秀作品，让人民精神文化生活不断迈上新台阶。本着弘扬铁路产业文化，传播一切人类先进思想和文化的原则，本人在业余时间收集、整理、编辑了这本集思想性、艺术性、观赏性为一体的中外邮票上的火车头图集，希望广大铁路机车爱好者、集邮爱好者和其他读者朋友能够喜欢。

本书中各国排名不分先后，邮票图片的编排基本上按照蒸汽机车、电力机车、内燃机车、高速铁路动车组的顺序进行排列。

由于本人对铁路机车知识掌握得不够全面，对绘画、摄影和艺术设计知识不够精通，书中难免会出现纰漏或谬误之处，在此恳请广大读者批评指正。

本书序言中的机车和动车组发展简介，参考了《中国铁道百科全书》、《漫话机车》和《漫话高速列车》中的相关资料，在此表示衷心的感谢；沈阳铁路陈列馆周冲先生在本书编排过程中给予了大力支持，一并致以诚挚的谢意！

编　　者

2016 年 9 月于中国 • 沈阳